La Deuxième Aventure De Bobby Le Robin

UNE NOUVELLE AUBE

Malcolm Fearnside

MAPLE
PUBLISHERS

La Deuxième Aventure De Bobby Le Robin Une Nouvelle Aube

Auteur: Malcolm Fearnside

droits d'auteur © Malcolm Fearnside (2022)

Le droit de Malcolm Fearnside d'être identifié comme l'auteur de ce travail a été revendiqué par l'auteur conformément aux articles 77 et 78 de la loi de 1988 sur le droit d'auteur, les dessins et modèles et les brevets.

Publié pour la première fois en 2024

ISBN 978-1-915996-88-6 (Broché)

Conception de la couverture du livre, illustrations et mise en page par:
    White Magic Studios
    www.whitemagicstudios.co.uk

Publié par:
    Maple Publishers
    Fairbourne Drive, Atterbury,
    Milton Keynes,
    MK10 9RG, UK
    www.maplepublishers.com

Une notice de catalogue CIP pour ce titre est disponible auprès de la British Library.

Tous les droits sont réservés. Aucune partie de ce livre ne peut être reproduite ou traduite sous quelque forme ou par quelque moyen que ce soit, électronique ou mécanique, y compris la photocopie, l'enregistrement ou par tout système de stockage et de récupération d'informations sans l'autorisation écrite de l'auteur.

Également par l'auteur:

Éditions anglaises

The First Adventure of Bobby the Robin

The 2nd Adventure of Bobby the Robin – a New Dawn

Édition française

La première aventure de Bobby Le Robin

Avec mes remerciements à
**Sabina Hickmet, traductrice
pour l'édition française
La deuxième aventure de Bobby Le Robin —
Une nouvelle aube**

CONTENU

Illustrations .... Page i

Les personnages par ordre d'apparition .... Page ii

Chapitre 1 Se faire des amis .... Page 1

Chapitre 2 Confrontation .... Page 8

Chapitre 3 Présentations .... Page 12

Chapitre 4 Explorer le bois .... Page 18

Chapitre 5 Nourriture étrange et frayeur .... Page 22

Chapitre 6 Bobby trouve son arbre .... Page 28

Qui a tué le rouge-gorge ? (Comptine) .... Page 33

Prologue de la 3e Aventure de Bobby .... Pages 36/7

Note de l'auteur sur les histoires de Bobby .... Page 38

ILLUSTRATIONS

Bobby explique pourquoi il est là ....Page 3

Tigre se sauve à toutes jambes..Page 5

Saphire s'envole..Page 7

Cocky et sa bande arrivent..Page 9

La bande de Cocky s'envole..Page 11

La dame de la grande maison arrive..Page 13

Bobby saute en arrière ....Page 15

Le grand bois..Page 17

Bobby vole dans le grand bois..Page 19

Le nid au fond du bois..Page 21

Bobby mange ....Page 23

Bobby planifie son prochain déménagement..Page 25

Bobby a une grande frayeur..Page 27

Bobby vérifie l'arbre de Noël..Page 29

Bobby et Persey en discussion..Page 31

Les personnages par ordre d'apparition

Bobby Le Robin - personnage principal

Gilets jaunes – les mésanges bleues

Blackcaps – les mésanges charbonnières

Saphire – une mésange bleue, la sœur de de Persey

Les gilets gris – les moineaux

Persey – Perse est un autre nom pour le bleu foncé

Cocky – le chef des moineaux.

Tigre – un chat roux tigré

Monstre gris – un écureuil gris dans son nid

NOURRITURE

Truc blanc et mou – Bloc de graisse

Insectes bruns «poilus» – Vers de farine séchés.

Petites graines rondes – Millet

Graines rayées – Graines de tournesol

Grosses graines vertes plates – Graines de courge

Chapter 1

Se faire des amis

Bobby se réveille, en sursaut. Quelque chose n'allait pas. Où était tout le monde ? Il a vite compris que rien n'était comme avant. Il n'y avait plus personne autour de lui. Il était seul. Il s'est calmé, il a déployé ses ailes et il a sauté hors de son nid. Il s'est dirigé vers le trou, et il a sorti sa tête pour vérifier qu'il n'y avait aucun danger. C'était bien le cas.

En regardant les graines sur la mangeoire, il a vu un certain nombre d'autres oiseaux qui mangeaient tous ensemble. C'était bon signe. Du coup il s'est envolé vers la table et il a dit, « Bonjour. » Personne ne lui prêtait attention, du coup il a commencé tout simplement à manger. Il a vu que les gilets jaunes mangeaient les graines rayées et que les bonnets noirs mangeaient le truc blanc et moelleux avec des graines à l'intérieur. Il lui restaient donc, les petites graines rondes à manger. Bobby était en train de manger les petites graines rondes, quand le gilet jaune le plus proche lui a adressé la parole.

« Bonjour ! Désolé, que je ne t'ai pas répondu quand tu as dit bonjour. J'avais la bouche pleine. Je ne t'ai jamais vu ici. — Non. Je ne suis arrivé que tard hier. — Tu viens de loin, n'est-ce pas ? — En effet, c'était un long chemin, a confirmé Bobby. »

Il a ensuite raconté à son nouvel ami comment ses parents lui avaient dit de quitter la maison. « C'est affreux. Nous vivions tous ensemble dans le même coin. — Et pourquoi ? le gilet jaune a demandé. »

Bobby lui a expliqué que c'était selon la loi des rouges-gorges. « Quand tu deviens adulte, tu dois partir et trouver ta propre maison. Elle doit être dans un endroit différent de celui où tu vivais, et où il n'y a pas d'autres rouges-gorges, sinon tu seras attaqué. As-tu vu quelqu'un de mon espèce ici ? a demandé Bobby. — Non. Tu es le premier, donc tu n'as pas à t'inquiéter à ce sujet. Bienvenue chez nous, a déclaré son ami. »

« La seule chose dont tu dois te soucier ici, c'est Tiger, le chat roux tigré, qui vit dans la grande maison. Il rôde toujours ici, alors garde toujours un œil ouvert pour lui, son ami lui a averti. » Bobby savait que le chat ne serait plus un problème. Alors il a expliqué à son ami ce qu'il avait fait :

« Quand je suis arrivé ici, le chat était près de la mangeoire des graines. Alors je me suis envolé et j'ai donné coup de bec au chien noir sur son gros nez noir. Juste à ce moment-là, Tiger a fait un bond, mais il l'a manqué. Le chien noir croyait que c'était Tiger, qui l'avait griffé et il l'a chassé du jardin. Ça m'a donc permis de manger à la table. » L'autre gilet jaune qui était présent, a cessé de manger à écouter cette nouvelle.

Son ami lui a présenté à Bobby et a expliqué : « Sa sœur, Saphire, a perdu son partenaire l'année dernière à cause de Tiger. Il était resté un peu trop longtemps à la mangeoire des graines pour manger une dernière graine. Quand il s'est envolé, Tiger a sauté et l'a attrapé en plein vol.[1] »

---

[1] Les chats peuvent sauter jusqu'à six fois leur longueur.

Du coup, elle a dû élever ses bébés seule, en tant que mère monoparentale. Elle a reçu de l'aide de sa tante qui ne vivait pas loin. Mais elle est très âgée et ne pouvait pas faire tous les voyages nécessaires pour les nourrir. Ses amis étaient tous très occupés à aller chercher à manger pour leurs propres familles. » Saphire a remercié Bobby et s'est envolée pour annoncer la bonne nouvelle à tout le monde.

« Bobby, tu as été très courageux d'avoir fait ça. Son ami a avoué : Je n'en aurais pas eu le courage. Bobby a déclaré: Ce n'était pas courageux. C'était nécessaire, car il avait très faim. Son ami l'a rassuré qu'il ferait en sorte que tout le monde soit au courant du grand service que Bobby avait rendu à tous. »

Chapitre 2

Confrontation

Soudain, un vol d'oiseaux bruns, vêtus de gris est arrivé. Leur chef s'est approché de Bobby et il a collé son bec dans le visage de Bobby et lui a dit agressivement « Qui es-tu ? Qu'est-ce que tu fais ici ? » Bobby a été surpris et il a fait un pas en arrière, « Bobby Le Robin, a-t-il dit timidement, et je viens d'arriver ici. — On ne veut pas de ton espèce ici. Vous êtes des fauteurs de troubles, alors dégage ! a déclaré le gilet gris. » Bobby s'est mis à parler, mais ne savait pas quoi dire.

Le gilet gris l'a interrompu et a dit : « Nous avons tout entendu sur ton espèce, répandant des rumeurs[2] selon lesquelles l'un de mes cousins aurait tué un des tiens avec une flèche. C'est un quartier respectable et nous ne voulons pas de ton genre ici. Retourne d'où tu viens. »

---

[2] Voir la fin de l'histoire pour en savoir plus sur la rumeur

Tout d'un coup, ils ont tous poussé un cri perçant et se sont envolés. Tous sauf son ami le gilet jaune.

Bobby tremblait après cette dure confrontation. Il n'avait jamais éprouvé quelque chose pareil. Ça s'est passé tellement rapidement qu'il n'avait pas eu le temps de réfléchir à ce qu'il devait faire. Il avait également perdu l'appétit.

Chapitre 3

Introductions

Je ne peux pas continuer à l'appeler gilet jaune, je dois lui demander comment il s'appelle. « Excuse-moi, mais c'est quoi ton nom ? — Ah ! C'est facile, on m'appelle Persey, à cause de mes cheveux bleu foncé. Tous mes semblables ont les cheveux bleus. Mon frère s'appelle Sky, ma sœur Saphire, et mon cousin s'appelle Bluey. Bobby a demandé à son ami, — De quoi s'agissait-il ? — Ah! ne faites pas attention à Cocky, il est beau parleur et nous l'ignorons tout simplement. Il ne parle pas pour nous, nous vivons tous en paix ensemble ici, a expliqué Persey. »

Bobby était tout de même un petit peu inquiet. Il se demandait ce qui se passerait s'il était seul, au moment de se retrouver de nouveau avec Persey. Du coup il s'est rendu compte pourquoi ils s'étaient tous envolés aussi rapidement. La dame de la grande maison s'approchait.

« On devrait partir ? a demandé Bobby — Non, elle est gentille et remplit la table de graines et d'autres aliments. —

Bonjour, a dit la dame. C'est la première fois que je te vois ici. » Bobby n'avait aucune idée de ce qu'elle disait, mais elle lui offrait un de ces longs insectes bruns et poilus. C'était un pas de trop pour Bobby, et il a reculé un peu. Elle en a jeté une poignée sur la mangeoire, ce qui l'a fait sursauter. Elle a dit encore quelque chose et puis elle est retournée à la maison.

Bobby regardait les insectes et a demandé à son ami Persey « Que sont ces choses ? — Je n'en ai aucune idée, mais c'est agréable de changer un peu et ça te donne la pêche a répondu Persey. » Bobby en a essayé un et il a trouvé que c'était facile à manger. Il était très heureux d'avoir eu le courage d'essayer quelque chose de nouveau. Après tout, il ne pouvait pas se dévoiler à son nouvel ami.

« Je ne peux pas rester ici toute la journée à bavarder, a dit Bobby finalement. J'ai beaucoup à faire si je dois fabriquer un nid. Il faut que j'aille à la chasse aux arbres aujourd'hui, sans doute là-bas dans le grand bois. Tu n'as pas de meilleures idées, toi ? — Non, je regrette mais je ne suis jamais allé au bois. Nous vivons tous là-bas, dans la haie. Mais bonne chance ! a dit Persey. »

Chapitre 4

Explorer le bois

La première chose qu'il devait faire c'était de décider dans quelle direction diriger ses recherches. Il n'avait aucune idée et ça ne serait pas bien de voler sans but. Il pourrait passer beaucoup de temps à voler par ici ou par-là, sans savoir si ça aurait été préférable d'aller ailleurs. La dernière chose qu'il voulait faire c'était de s'installer dans un coin où on ne voulait pas de lui. Comme dans le quartier de Cocky, le gilet gris.

Il a décidé de voler jusqu'en haut de la grande maison et de voir ce qu'il y avait autour. Dans un sens, il y avait des haies et des champs ouverts. Dans l'autre sens, la route, ce qui ne ferait pas l'affaire. Dans les deux autres sens il y avait plein d'arbres et ça paraissait être la meilleure solution. J'aimerais savoir où vit Cocky et sa bande. J'espère qu'ils ne sont pas dans ces arbres-là. Alors il s'est envolé vers les arbres.

Comme c'était l'hiver, la plupart des arbres n'avaient pas de feuilles et étaient très nus, ce qui rendait la tâche très facile. Il a donc cherché un arbre avec des feuilles, en particulier un arbre avec de petites feuilles très denses. Il n'en a pas trouvé.

Il a trouvé un autre arbre qui avait l'air parfait. Il est entré en volant dans l'arbre, mais, quelqu'un avait déjà réclamé l'arbre et y avait construit un nid. À en juger par la taille du nid, il lui semblait à Bobby que le propriétaire serait deux fois plus grand que lui. Il a poussé un soupir et il a continué son chemin.

Il a constaté que son deuxième, troisième et quatrième choix d'arbre étaient déjà occupés, ainsi que plusieurs autres. Chercher une maison s'avérait beaucoup plus difficile qu'il ne le pensait.

Il s'est donc décidé de retourner à la mangeoire et de manger quelque chose. Il avait besoin d'augmenter son niveau d'énergie et de formuler un autre plan.

Le nid au fond du bois

Chapitre 5

Nourriture étrange et frayeur

En retournant à la mangeoire, il a remarqué qu'elle avait été réapprovisionnée et qu'il était seul pour le moment. Il avait le choix entre tous les aliments différents. Son regard était attiré vers ces choses qui ressemblaient à des insectes bruns. Il n'aimait pas vraiment l'idée de manger quelque chose qu'il n'avait mangé qu'une seule fois auparavant, ou pour autant qu'il sache qu'une seule fois. Comme, par exemple, ces trucs longs, rayés et les grosses graines vertes et plates. Alors il a regardé la chose blanche et moelleuse. Il y avait de petites graines à l'intérieur. Ça avait l'air bon.

C'était facile à manger et au fur et à mesure qu'il la mangeait, il se sentait rapidement rassasié. C'était très bon et c'était meilleur que ces petites graines rondes qu'il mangeait normalement. Il était heureux d'avoir pris la décision

d'essayer autre chose. Je pense que je vais laisser ces choses brunes 'poilues' pour un autre jour. Il ferait mieux de penser à chercher un endroit pour faire son nid.

Mais pas sur la mangeoire, car il avait aperçu Tiger. Il est donc rentré à la maison en bois et à son nid provisoire qu'il avait fait hier. Certaines personnes pourraient le décrire comme un « squat », car le cabanon appartenait à quelqu'un d'autre, qui ne l'utilisait pas. Ce n'était pas très confortable, mais ça irait pendant qu'il réfléchissait sur le problème de trouver un endroit où s'installer.

Il paraissait que tous les meilleurs endroits les plus proches étaient déjà occupés. Donc, comme il était sans-abri pour l'instant, il lui restait moins de temps pour chercher un endroit moins confortable où s'installer, comme dans les arbres qui n'étaient pas aussi denses.

Décision prise, il s'est envolé pour chercher un endroit moins à son gout. Il a essayé plusieurs arbres, mais les a rejetés car ils avaient des problèmes quand il les comparait aux arbres de

Bobby planifie son prochain déménagement

son premier choix qui n'étaient pas disponibles. Ah ! Qu'est- ce que c'était difficile.

Il volait en rond et ne trouvait pas d'arbre qui correspondait à ses exigences, ou un arbre qu'il voulait, vraiment faire le sien. Quand, enfin, il a aperçu un grand arbre avec un trou au centre. Il n'avait pas de feuilles, c'était caché par une grosse branche, qui y donnait accès.

Il s'est approché du côté du trou et a enfoncé son bec et sa tête à l'intérieur. Deux yeux énormes et noirs le fixaient, aussi bien qu'une grosse tête grise qui était plus grande que lui. La tête grise a aboyé en sifflant et s'est jetée vers lui. Il a eu tellement peur qu'il a fait un énorme sursaut, il s'est envolé. Sans idée précise, mais loin et hors de vue de cette bête grise. Il s'est demandé ce que ça pouvait être ce grand monstre gris à queue longue toute touffue, qui avait sauté du trou. Parler de presque sauter hors de ses plumes, il a failli perdre ses plumes de queue. Je ne vais pas m'enfoncer le bec là où je ne suis pas invité.

Chapitre 6

Bobby trouve son arbre

Cette recherche de maison s'avérait être très difficile, mais il a fini par trouver un arbre. Il était couvert de petites feuilles très denses, partout, en petits groupes, un peu comme ses pieds. Elles étaient un peu épineuses, mais elles allaient directement au centre de l'arbre. Bobby voyait qu'elles assuraient une bonne protection. Il n'avait qu'à trouver comment y construire sa maison.

Il y avait également une branche plus grande au-dessus qui l'abriterait de la pluie. Il devrait être possible de les relier avec de petites brindilles, pour poser une fondation et construire vers le haut. Ce n'était pas idéal, mais c'était le meilleur qu'il avait trouvé, et ça ferait l'affaire. Il ne le savait pas, mais il avait eu beaucoup de chance, comme c'etait la période de Noël, de trouver un tel arbre.

Bobby est retourné au jardin et à la mangeoire. Il a vu que son ami Persey était déjà sur la mangeoire, alors il s'est approché de lui pour annoncer sa bonne nouvelle.

« Je pense que j'ai trouvé un endroit pour construire mon nid, » a-t-il dit avec enthousiasme à son ami et il à décrit l'endroit où il se trouvait. Justement à ce moment-là, une pensée horrible lui est venue à l'esprit. Il ne savait pas où vivait la bande de Cocky. « Tu sais où vit la bande de Cocky ? J'espère que ce n'est pas là où je veux construire ma maison, eh ? Persey a déclaré: Tu n'as pas à t'inquiéter à ce sujet. Ils vivent là-bas dans les haies. Tu peux les entendre de l'autre côté des champs. Ce sont des voisins très bruyants. Ça me soulage, s'est dit Bobby. »

Après avoir bien mangé, il a dit : « Je vais me coucher de bonne heure. J'ai une journée chargée demain et je veux commencer tôt. » Il est rentré à sa maison provisoire et il s'est installé. Il s'est mis à penser à la façon dont il allait commencer.

Eh bien! Ça allait être difficile car il n'avait jamais construit ni vu construire une maison de sa vie. Tout ce qu'il savait, c'était à quoi ressemblait le nid de ses parents, et il avait vu des réparations en cours. Il ne s'était jamais beaucoup intéressé à sa maison.

Tout ce dont il avait besoin avait été fourni par ses parents. Il n'avait jamais pensé combien il faillait travailler. Trop tard, il s'est rendu compte, il avait tout pris pour acquis. Il était sur le point de découvrir le travail qu'il fallait faire pour construire et entretenir une maison. Il était encore en train de tout résoudre dans sa tête, en espérant que la fabrication d'un nid était quelque chose qui viendrait naturellement, une fois entamée, quand il s'est endormi.

C'EST LA RUMEUR DONT PARLE COCKY – QUI A TUÉ ROUGE-GORGE ?

Moi, dit le moineau,
avec mon arc et une flèche,
J'ai tué le rouge-gorge.

Qui l'a vu mourir ?
Moi, dit la mouche,
avec mon petit œil,
Je l'ai vu mourir.

Qui a recueilli son sang ?
Moi, dit le poisson,
avec mon petit plat,
J'ai recueilli son sang.

Qui fera son linceul ?
Moi, dit la scarabée,
avec mon fil et mon aiguille,
Je ferai son linceul.

Qui creusera sa tombe ?
Moi dit le hibou,
Avec ma pioche et ma pelle,
Je creuserai sa tombe.

Qui sera le pasteur ?
Moi, dit le freux,
Avec mon petit livre,
Je serai le pasteur.

Qui sera le commis ?
Moi dit l'alouette,
Si ce n'est pas dans le noir,
Je serai le commis.

Qui portera le flambeau ?
Moi dit la linotte,
J'arrive dans une minute
Je porterai le flambeau.

Qui conduira les obsèques ?
Moi, dit la colombe,
Je pleure pour mon amour,
Je conduirai les obsèques.

Qui portera le cercueil ?
Moi, dit le milan,
Si ce n'est pas durant la nuit,
Je porterai le cercueil.

Qui aidera à tenir le poêle ?
Nous, dit le roitelet,
Avec le coq et la poule,
Nous tiendrons le poêle.

Qui chantera un psaume ?
Moi dit la grive.
Assise sur un buisson,
Je chanterai un psaume.

Qui sonnera le glas ?
Moi, dit le taureau,
puisque je peux le faire,
Je sonnerai le glas.

Et tous les oiseaux dans les airs,
Poussèrent des soupirs et des sanglots,
Lorsqu'ils entendirent sonner le glas
Pour le pauvre rouge-gorge.

Prologue

L'auteur espère que vous avez apprécié ce livre et vous invite à un avant-goût du prochain volume de la série Les Adventures de Bobby le Robin

La troisième aventure de Bobby Le Robin —

les épreuves du travail

Chapitre 1

La construction commence

Bobby s'est réveillé très tôt, à l'aube pour être précis. Il faisait encore à moitié nuit mais Bobby voyait très clairement, il restait de la nourriture sur la mangeoire. Il ne savait pas que tous les oiseaux voient vers la lumière violette presque invisible. Il prenait pour acquis qu'il pouvait voir dans la semi-obscurité. Il n'y avait pas beaucoup de choix, donc il allait prendre un petit déjeuner rapidement.

Ensuite, au moment où j'arriverai à mon arbre, Il fera assez jour pour que je puisse voir pour ramasser quelques brindilles. Je pourrais même en voir sur le chemin. Il a vu quelques brindilles un peu plus longues que lui et assez droites.

Elles semblaient prometteuses, alors il les a ramassées et il s'est rendu à son arbre. Maintenant, par où commencer ? Il en a placé une sur les petites branches et un peu plus loin. Elle semblait être de la bonne taille, j'ai besoin de plus de brindilles. Il a donc volé vers le sol et il a cherché autour, mais les arbres qui ne perdent pas leurs feuilles, ne perdent pas leurs petites branches. Il devrait donc aller là où se trouvaient tous les arbres nus.

Il y avait des tas de brindilles, il n'avait qu'à choisir les bonnes. Avec un grand bec de brindilles, il est retourné à son arbre. Ses deux brindilles n'étaient plus là. Est-que je me suis trompé de branche ? Non, c'est sûr que c'est le bon endroit. Il a donc commencé à mettre les nouvelles brindilles en place. Il s'est envolé vers le sol et il a vu ses deux brindilles, elles étaient tombées.

Note de l'auteur

L'histoire de Bobby a été inspirée par trois choses: -

1. Bobby était une peluche que ma femme avait achetée. Quand nos petits-enfants venaient chez nous, nous avions l'habitude d'inventer des histoires sur le rouge-gorge, qui devint réel dans notre imagination. Nous l'appelions Bobby.

2. Voyant un rouge-gorge s'envoler de notre hangar, qui avait un trou au sommet, je regardai à l'intérieur et découvrit que l'oiseau avait construit un nid dans l'un des nos nombreux pots de fleurs en plastique orange dont l'un contenait une plante morte. Il fut habité jusqu'à la fin du printemps, quand un beau jour le rouge-gorge partit pour ne plus revenir. Cela m'a donné à comprendre que c'était un nid de fortune.

3. L'interaction des oiseaux est le résultat d'observations de ceux qui venaient se nourrir à la mangeoire devant la fenêtre de notre cuisine. La mésange bleue et le rouge-gorge mangent volontiers l'un à côté de

l'autre. Les moineaux viennent cependant en nombre et effraient tous les autres oiseaux à l'exception de la mésange bleue. Ils lèvent simplement les yeux, les ignorent et continuent de picorer. Vingt-cinq ans se sont écoulés et nos arrière-petits-enfants ont maintenant le même âge. J'ai oublié la plupart des histoires que j'ai inventées, alors cette fois ci j'ai décidé de les écrire. Peut-être que les arrière-arrière-petits-enfants les liront un jour et les apprécieront autant que leurs grands-parents.

www.ingramcontent.com/pod-product-compliance
Lightning Source LLC
Chambersburg PA
CBHW041320110526
44591CB00021B/2858